검정소와
누렁소가
온난화를
일으켜

검정소와 누렁소가 온난화를 일으켜 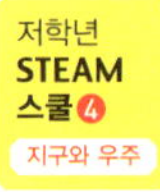

초판 1쇄 발행 2013년 3월 28일 | **초판 5쇄 발행** 2020년 9월 15일

글 그림 백명식

펴낸이 김명희

책임편집 이정은 | **디자인** 신영미

펴낸곳 다봄 | **등록** 2011년 6월 15일 제 2020-000029호

주소 서울시 광진구 아차산로 51길 11 4층

전화 070-4117-0120 | **팩스** 0303-0948-0120

전자우편 | dabombook@hanmail.net

ISBN 979-11-85018-01-0 64710

ⓒ 백명식, 2013

이 도서의 국립중앙도서관 출판시도서목록(CIP)은 서지정보유통지원시스템 홈페이지(http://seoji.nl.go.kr)와
국가자료공동목록시스템(http://www.nl.go.kr/kolisnet)에서 이용하실 수 있습니다.(CIP제어번호: CIP2013001478)

*책값은 뒤표지에 표시되어 있습니다.
*파본이나 잘못된 책은 구입한 곳에서 바꿔드립니다.

품명 아동 도서   **사용연령** 8세 이상
제조국 대한민국   **제조년월** 2020년 9월 15일
제조자명 다봄   **연락처** 070-4117-0120
주소 서울시 광진구 아차산로 51길 11 4층
주의사항 종이에 베이거나 긁히지 않도록 조심하세요.
책 모서리가 날카로우니 던지거나 떨어뜨리지 마세요.
KC마크는 이 제품이 공통안전기준에 적합하였음을 의미합니다.

검정소와 누렁소가 온난화를 일으켜

글 그림 **백명식**

다봄

차례

이 책의 구성

❶ 전래 동화

재미난 전래 동화를 읽어요.
그림만 봐도 웃음이 킥킥,
재미가 솔솔~!

❷ 톡톡 과학 양념

전래 동화를 읽다가
궁금한 과학 상식을 배워요.
짧지만 아주 알찬
내용들로 가득해요.

소가 지구 온난화를 일으켜?

요즘 지구의 기온이 점점 올라가는 '지구 온난화'가 큰 문제가 되고 있어.
태양으로부터 받은 에너지가 지구에 도착하면 그것이 다시 우주로 나가야
지구의 온도가 일정하게 유지되는데, 받은 에너지보다 나가는 에너지가 훨씬 적어지면서
지구의 온도가 올라가는 지구 온난화가 일어나는 거야. 왜 나가는 에너지가 적어지냐고?
그건 바로 '온실가스' 때문이야. 이산화탄소나 메탄 같은 가스들이 하늘에 떠서
에너지가 우주로 나가는 것을 막기 때문에 지구가 온실처럼 따뜻해지는
'온실 효과'가 일어나. 그래서 이 가스들을 온실가스라고 불러.

방귀에 세금을 매기자!

전래 동화를 읽다 나온
과학 내용이 궁금했나요?
이야기 속에 나왔던
과학 지식에 대해서
꼼꼼하게 짚어 줍니다.

바이오매스 에너지란?

환경 오염을 일으키는 온실가스의 주범이라고 해서 메탄을 욕하지 마.
환경 오염을 일으키지 않는 새로운 에너지로도 쓰이고 있거든.
참 재미있지? 환경 오염을 일으키면서도 환경 오염을 일으키기도 한다니 말이야.
인간은 오랫동안 석탄이나 석유 같은 화석 연료를 사용해 왔어.
하지만 화석 연료를 사용할 때 환경을 오염시키는 이산화탄소 같은 물질들이
발생한다고 해서 문제가 되고 있어. 그래서 그것들을 대신할 새로운 에너지를
찾는 일이 활발히 진행되고 있어. 태양열이나 바람 등을 이용한 에너지 말이야.

가축들의 똥에서 나오는 메탄 가스의 양

종류	배설량(kg)	메탄 가스량(㎗)
소	30	720 ~ 1,260
돼지	4.2	250 ~ 1,500
닭	0.12	0.75 ~ 13.5

전래 동화 속에 나온
과학 내용을 살짝 삐딱하게
비틀어 볼까요?
한걸음 더 나아가서
새로운 과학 내용을 배워요.

소나기의 유래를 알아?

옛 날에 어떤 스님이 있었어.
무더운 날씨가 계속되는 여름날이었지.
스님은 오늘도 시주를 하러 다니다가 나무 그늘에서 쉬어 가기로 했어.
마침 소를 몰고 가던 농부가 나무 그늘에 와 함께 쉬게 되었지.
"모를 내야 할 텐데 비가 안 와서 큰일이네요."
옆에 있는 농부가 한숨을 쉬자,
스님은 입고 있던 장삼을 여기저기 만져 보더니 말했어.
"걱정 마시오. 오늘 저녁 때쯤 비가 내릴 것이오."

농부는 스님의 말을 믿지 않았어.

"아, 이렇게 날이 좋은데 비가 온다구요? 원, 스님도. 농담 참 잘하시네요."

"두고 보시오. 틀림없이 비가 내릴 거요."

"아니, 저렇게 하늘이 파란데 비가 온다니 말이 되는 말씀을 하시오."

두 사람은 옥신각신 서로 자기 말이 맞다고 우기다 결국 내기를 하기로 했지.

"내가 지면 이 소를 스님에게 드리겠소."

"난 가지고 있는 것이 이 바랑과 바랑 속에 들어 있는 쌀뿐이오.

내가 진다면 이 바랑을 통째로 주겠소."

두 사람은 서로 자기 생각이 틀림없다고 계속 우겼어.

그러다가 농부는 다시 논으로 들어가 논을 갈고

스님은 나무 밑에서 한숨 푹 잤지.

그런데 한참 후 맑던 하늘에 먹구름이 끼더니

장대 같은 비가 쏟아지기 시작하는 거야.

농부는 논을 갈다 말고 허겁지겁
스님이 있는 나무 밑으로 뛰어 왔지.
비가 너무 안 와 걱정하던 차에
이렇게 비가 쏟아지니 이보다 좋은 일이 어디 있겠어.

내기에 진 것은 생각도 나지 않고
그저 좋아 싱글벙글 하고 있었지.
"스님 참 용하십니다.
비가 올지 어떻게 아셨습니까?"
"허허, 그냥 내가 입고 있던 옷을
만져 보고 알았지요."
"뭐라고요? 아니, 스님이 입은 옷이
도술을 부리는 옷인가요?
어찌 만져만 보고 아신단 말씀이오?"

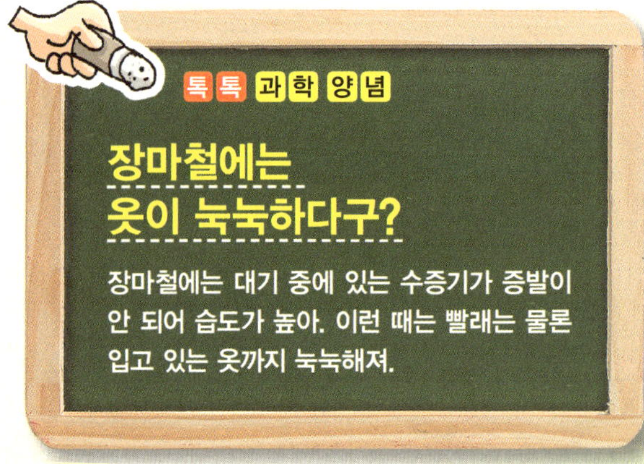

"그게 아니라 옷이 눅눅한 걸 보고 알았지요.

우리 같은 중들은 빨래를 자주 못해 항상 옷에 소금기가 많다오.

소금은 물기가 있으면 눅눅해지지요.

내 옷이 눅눅하다는 건 공기 속에 물기가 많다는 것입니다.

공기 속에 물기가 많으니 곧 비가 오리라 생각을 했던 것이지요. 나무아미타불!"

"아, 그렇군요. 그것도 모르고 큰소리친 제가 내기에 지고 말았습니다.

내기에 졌으니 이 소를 드리지요. 어서 몰고 가십시오."

농부는 소가 아까워 금세 울상이 되었어.

하지만 스님은 잠시 소 고삐를 들고 있다가 다시 농부에게 주며 말했어.

"난 소가 필요 없소. 농사짓는 당신이 소가 꼭 필요하지요.

자! 도로 드릴 터이니 농사나 잘 지으시오."

그리고 스님은 훌쩍 그 자리를 떠났어.

그런데 신기하게도 스님이 떠나자마자
쏟아지던 비는 금세 뚝 그치고 하늘도 맑아졌어.
농부는 어리둥절했지만 그래도 기분이 좋았어.
모내기에 필요한 비가 충분히 내린 데다가 소도 잃지 않았으니까.

이런 일이 있고 나서부터,

여름날에 갑자기 비가 쏟아지거나 뚝 그치는 비를 '소 내기'라고 했대.

소를 걸고 내기를 했다고 해서 나온 말이지.

그때 생긴 '소 내기'가 변해 지금은 '소나기'라고 해.

이제 왜 소나기라는 말이 생겼는지 알겠지?

믿거나 말거나지만 말이야.

비는 어떻게 내릴까?

구름 속의 수증기가 비가 된다는 것은 잘 알고 있겠지?
구름 속 수증기들은 크기가 아주 작기 때문에 평소에는 하늘에 떠 있는 거야.
그러다가 구름 속에 있는 아주 작은 얼음 알갱이들에 수증기가 달라붙어서 커지면
그 무게 때문에 아래로 떨어지는 거야. 수증기들끼리 뭉쳐서 커져 떨어지기도 해.

구름으로 알아보는 일기예보

날씨가 어떻게 변할지를 알아보는 건 간단해. 구름의 모양이나 떠 있는 높이를 보면 대충 알 수가 있어.

뭉게구름(적운)

솜털 같은 구름이 뭉게뭉게
하늘 높이 떠 있다면 해가 쨍쨍
나는 날씨야. 그런데 이 구름이
하늘 가득히 덮고 있다면
소나기도 내릴 수 있다는 말씀!

안개구름(층운)

안개처럼 생긴 구름들이
길고 낮게 떠 있다면
안개가 끼거나 가랑비가
내릴 확률이 높아.

새털구름(권운)

이름 그대로 새의 깃털처럼
생긴 구름들이 떠 있다면
앞으로 날씨가
좋지 않다는 징조야.

인공 비는 어떻게 만들까?

오랫동안 비가 오지 않는다면 식물은 물론 우리가 먹는 곡식을 재배할 수가 없어.
이럴 때는 비구름을 만들어 비를 내리게 하는 방법이 있지.
구름 속의 작은 물방울들을 크고 무겁게 만들어
비를 내리게 하는 거야.

18

인공 비를 만들 때는 드라이아이스가 꼭 필요해.
아이스크림 가게에서 포장할 때 김이 나는
하얀 얼음 같은 것을 넣어 주잖아.
그게 바로 드라이아이스야.

드라이아이스는 기체인 이산화탄소를 압축하여 고체로 만든 것이야.

온도는 영하 80도 정도인데, 녹아서
액체가 되지 않고 바로 기체가 되는 특성이 있어.

드라이아이스는 주위의 온도를 빨리 떨어뜨리기 때문에 식품이나 물건을 얼리는 데 필요해.

이 드라이아이스를 구름 속에 뿌리면
구름 속 작은 물방울들이 얼어
얼음이 되고 무거워져.
무거워진 얼음 덩어리가 밑으로 떨어지면서
녹아 비가 되는 거지. 드라이아이스 말고
습기를 잘 빨아들이는 요오드화은을 뿌려도
인공 비를 만들 수가 있어.

봉이 김선달

옛날에 봉이 김선달이라는 사람이 있었어.
우선 이름 앞에 '봉이'가 왜 붙었는지 들어 봐.
하루는 김선달이 장 구경을 하고 있었어.
그러다가 닭 파는 곳을 지나가게 되었지.

닭장 안에는 유달리 커 보이는 닭 한 마리가 있었어.

김선달은 짐짓 모자라는 체하며 주인에게 물었어.

"혹시 저 닭이 '봉'이 아니오?"

'봉'은 실제로는 없는, 상상 속의 동물이거든.

그러자 닭 주인은 김선달이 약간 모자란 사람이라고 생각하고

닭을 봉이라고 속여 팔아야겠다고 마음먹었어.

"물론이오. 저 닭이 바로 봉이라는 새요."

김선달은 아무것도 모르는 척하고 닭을 샀어.

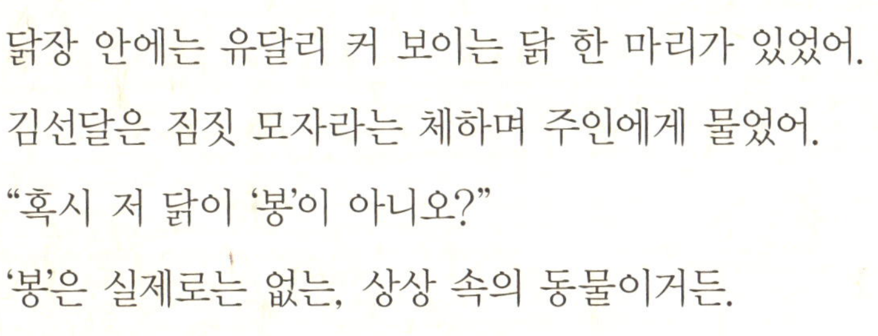

22

비싼 값을 주고 닭을 산 김선달은

그 닭을 곧장 관가로 가져가 마을 원님에게 바쳤어.

원님은 화가 머리끝까지 났어.

당연하지 않겠어? 닭을 봉이라고 하니까 말이야.

"저놈의 볼기를 매우 쳐라!"

원님이 화가 나 소리쳤어.

김선달은 화들짝 놀라며 말했지.

"원님, 저는 아무 죄도 없습니다.

시장에서 닭 장수가 저 닭이 봉이라고 팔기에 샀습니다.

존경하는 원님에게 귀한 봉을 선물하려 했던 것뿐입니다."

"그래? 그럼 당장 닭 장수를 불러들여라."

원님의 불호령에 닭 장수는 꼼짝없이 잡혀 왔어.

김선달은 닭 장수에게 닭 값은 물론

많은 배상금까지 받았지.

그 뒤부터 '봉이 김선달'이라고 불렸대.

상상 속의 새 봉황

김선달이 사려던 새인 '봉'은 '봉황'의 수컷을
가리키는데, 봉황은 중국의 전설에 나오는
상상 속의 새야. 우리 조상들도 봉황을 신령
스러운 동물로 여기고 귀하게 생각했어.

어느 날, 봉이 김선달이 대동강 강가를 지나고 있었어.

마침 물장수가 지나가는 것을 보고 기발한 생각이 떠올랐지.

김선달은 물장수를 주막으로 데려가 한상 푸짐하게 대접했어.

그러고는 한 가지 부탁을 했지.

"여보게, 내가 동전 몇 닢을 줄 테니 물장수들에게 한 닢씩 나눠 주게나.

그리고 내일 나에게 다시 돌려주라고 하게."

이튿날, 김선달은 의관을 점잖게 차려입고 평양성 동문을 지나는 길에

떡 하니 앉아 물장수들에게 자기가 나눠 준 동전을 한 닢씩 돌려받고 있었어.

동전을 내지 못한 물장수들은 호되게 야단까지 맞았지.

한양에서 온 상인들은 이 모습을 보고

김선달이 대동강 강물의 주인인 줄 알게 되었지 뭐야.

여기 있소.
?!
저 사람이
주인인가 봐.
25

한양 상인들은 김선달을 불러
주막으로 데려갔어.
김선달을 꼬드겨 대동강 강물을
사려는 수작이었지.
술잔이 오가며 대동강 강물의
가격 흥정이 시작되었어.
선달은 시침을 뚝 떼고 말했어.
"조상들로부터 물려받은 것이라 팔 수가 없소."
선달이 자꾸 안 팔겠다고 하니
한양 상인들은 더 조바심이 났지.

그래서 가격을 처음보다
무려 4배나 되는 4천 냥으로 올렸어.
이쯤 되자 선달은 못 이기는 체하고 팔아 버렸어.
4천 냥은 황소 60마리는 살 수 있는 큰돈이었어.
그럼 김선달은 부자가 되었을까? 그렇지는 않아.
김선달은 욕심 많은 양반들이나
부유한 상인들을 골탕 먹이고
그렇게 뺏은 돈을 어려운 사람들에게 나눠 주었어.
그리고 자신은 가난하지만
시와 풍류를 즐기며 한평생을 살았대.

물이 **부족한** 우리나라

우리나라가 '물 부족 국가'라는 사실은 다 알고 있을 거야. 비도 적당히 내리는
우리나라에 물이 부족한 이유가 뭘까? 그건 바로 사람들이 물을 많이 쓰기 때문이야.
한 사람이 쓰는 물의 양이 세계 최고 수준이라고 해. 농사를 짓는 데에
가장 많이 쓰이고, 우리가 씻거나 빨래할 때 쓰는 생활용수 그리고 공업용수의
순으로 많이 쓴다고 해. 투명하기 때문에 마냥 깨끗해 보이는 물이지만,
물속에는 많은 세균들이 살고 있어. 그래서 살균 처리된 물만 마시는 것이 좋아.
우리나라의 경우, 수도 시설이 많이 보급되어 깨끗하게 처리된 물을 마실 수 있지.

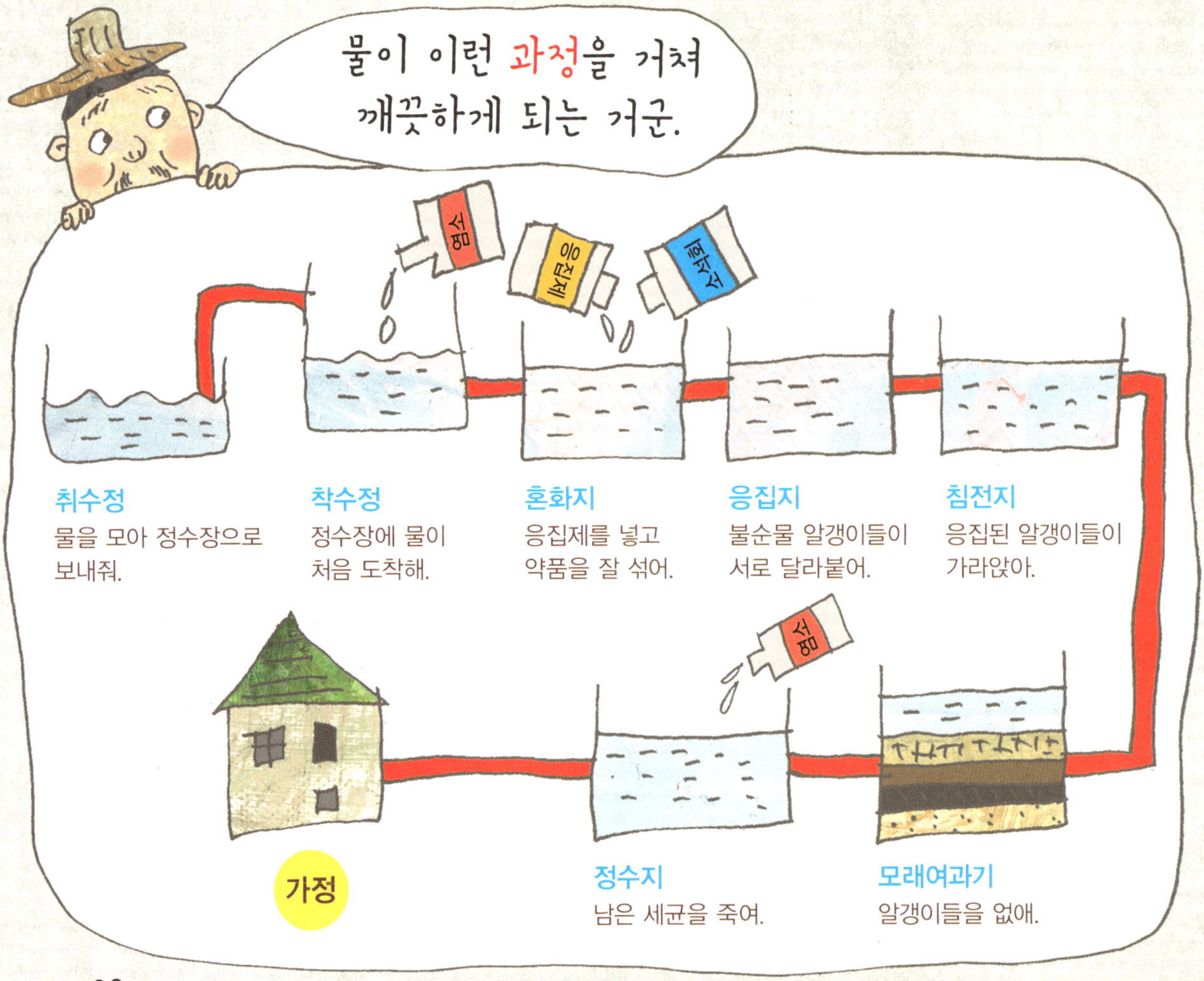

취수정
물을 모아 정수장으로
보내줘.

착수정
정수장에 물이
처음 도착해.

혼화지
응집제를 넣고
약품을 잘 섞어.

응집지
불순물 알갱이들이
서로 달라붙어.

침전지
응집된 알갱이들이
가라앉아.

가정

정수지
남은 세균을 죽여.

모래여과기
알갱이들을 없애.

강과 바다

굽이굽이 흐르는 강물은 어디로 갈까? 그리고 어떤 일을 할까?
움직임이 별로 느껴지지 않는 강물이지만, 조용히 흐르면서 많은 일을 해.
수천 년 동안 묵묵히 흐르면서 주변의 경관을 완전히 바꿔 버리기도 하지.
흐르는 물의 힘으로 땅을 깎아 침식 작용을 일으키기도 하고, 돌이나 흙을 운반하기도 해.
강물이 운반해 온 돌이나 흙 같은 퇴적물들은 바다로 흘러들어가기도 하지만, 일부는 그대로 어귀에 쌓여.
그래서 새로운 지형을 만들지. 넓은 땅인 '퇴적 평야'를 만들기도 하고,
삼각형 모양의 '삼각주'를 만들기도 해. 낙동강 하류의 김해평야는 우리나라의 대표적인 퇴적 평야야.

구름과 안개, 그리고 비와 눈의 공통점은?

하늘에 떠 있는 구름과 안개, 시원하게 내리는
비와 눈은 모두 '물'이라는 거 알고 있니?
구름과 안개는 수증기가 작은 물방울로 공중에
떠 있는 거야. 구름은 뜨거운 공기가 높이 올라가
작은 물방울로 덩어리를 이루고 있는 것이고,
안개는 땅과 가까운 낮은 곳에
작은 물방울들이 모여 있는 것이야.
그리고 높은 곳에 있는 구름 속 수증기가
서로 뭉쳐 커지면 무게를 이기지 못하고
떨어지게 되는데 이것이 바로 비야.
공기가 차가워지면 작은 얼음 알갱이로 어는데,
이 얼음 알갱이에 수증기가 달라붙어
무거워지면서 떨어지는 게 눈이야.

끊임없이 돌고 도는 물

물은 끊임없이 돌고 돌아. 무슨 말이냐고?
하늘에서 내린 눈이나 비가 땅속으로 스며들어 지하수가 되거나 강으로 흘러들어 바다로 들어가지.
그럼 땅속, 강, 바다 등의 물은 증발해서 수증기가 되어 하늘로 올라가. 하늘에 떠 있는 수증기가
바로 구름과 안개라고 했지? 이 구름이 서로 뭉쳐지면서 다시 비나 눈으로 내리는 거고.
이처럼 물은 계속 돌고 도는 거야. 이것을 '물의 순환'이라고 해.

지구 기후를 책임지는 바다

지구의 70퍼센트는 바다로 이루어져 있어. 이렇게 많은 부분을 차지하는 바다는 기후에도 큰 영향을 미쳐.
바닷물은 워낙 많은 양이기 때문에 태양열에 의해 천천히 데워지고 천천히 식거든.
그래서 지구의 온도가 갑작스럽게 변하는 것을 막아주는 거야.

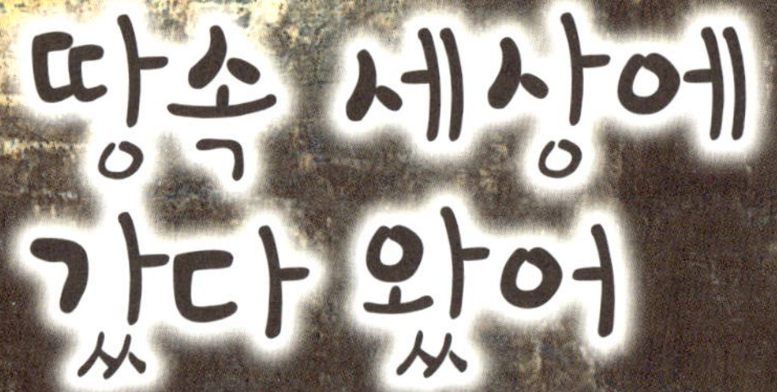

땅속 세상에 갔다 왔어

옛 날에 어떤 양반이 길을 가다가
그만 넘어져 뒹굴었어.
데굴데굴 굴러가다가 어딘가에 툭 하고 떨어졌지.
그런데 여기가 어딜까?
엎드린 채로 가만히 있는데
이상한 소리가 땅속에서 나는 거야.

귀를 가만히 땅에 대고 있으려니 오만 가지 잡소리가 다 들리지 뭐야.
사람 소리, 개 짖는 소리, 닭 우는 소리…….
아무튼 왁자지껄 시끄러운 소리가 들렸어.
하도 이상해서 땅을 막대기로 살살 파 봤어.
그랬더니 팔수록 소리가 점점 크게 들리는 거야.

세 뼘 정도 파니까 구멍이 뻥 하고 뚫리는 게 아니겠어.
구멍 안을 들여다보니 신기하게도 사람 사는 세상인 거야.
집도 있고, 산과 들이 있고, 강물이 흘러가고,
하늘엔 구름도 있었어.
구멍에 입을 대고 후 하고 불어 봤지.
그러니까 땅속 사람들이 바람이 불고
폭풍이 친다고 야단들이 났어.
양반은 아까부터 참고 있던 오줌을 구멍에 대고 누었어.
그랬더니 이번엔 비가 온다고 난리야.

‘아이고, 참! 재미있네. 한번 내려가 보아야겠다.’

양반은 구멍을 크게 뚫고 칡넝쿨을 타고 쑥 내려갔어.

내려가서 보니까 자기가 살던 곳이랑 똑같은 거야.

‘이왕 내려온 거 구경이나 실컷 하고 가야지.’

여기저기 기웃거리며 구경을 하는데

사람들은 양반이 안 보이나 봐.

지나가는 사람에게 말을 걸어 봐도, 말소리도 안 들리나 봐.

모습도 안 보이고 목소리도 안 들리니 귀신이나 다름없는 거지.

하루 온종일 돌아다녀 배가 고파진 양반은 괜히 심술이 났어.

그래서 어느 집에 들어가 솥에 넣어 놓은 찬밥도 꺼내 먹고

문도 쾅쾅 두드리고 사람들 머리를 쥐어박기도 했어.

그랬더니 집 안이 난리가 났어.

귀신이 집에 들어왔다고 말이지.

무당을 불러다 많은 음식을 차려 놓고 굿을 하지 뭐야.

양반은 그 음식들을 배 터지게 먹었어.
귀신 대접을 톡톡히 받은 거지.
그런데 양반이 가만히 생각을 해 보니까
정말 자기가 귀신 같은 거야.

이래선 안 되겠다 싶어서
다시 땅 위로 올라가기로 했지.
그래서 다시 칡넝쿨을 타고
구멍 밖으로 나왔어.

땅속에서도
사람이 살 수 있을까?

특별한 장치와 시설이 없으면 사람은 땅속에서 살 수가 없어. 사람이 사는 곳은 어느 정도의 공간과 공기가 있어야 하지만 땅속은 그럴 만한 공간과 공기가 없거든.

그런데 그동안 세상이 완전히 바뀌어 버린 거야.

자기가 살던 집은 물론이고 아는 사람이라고는 하나도 없었어.

시간이 너무 많이 흘러 버린 거였어.

양반은 다시 땅속으로 들어가려고 구멍을 찾았어.

그런데 구멍이 온데간데없이 사라져 버리고 없는 거야.

'내가 정말 귀신인가?'

과연 양반이 다녀온 곳은 어디인 걸까?

내 이름은 지구야!

우리가 사는 지구의 표면은 70퍼센트가 바다이고 나머지는 육지로 되어 있어.
무려 70억 명의 사람들과 수많은 생명들이 지구에 살고 있지.
우리가 발을 딛고 사는 이 지구는 어떻게 생겼을까?

지구 속은 어떻게 생겼을까?

지구는 겉에서부터 지각, 맨틀, 외핵, 내핵으로 되어 있어.
지구는 너무도 크기 때문에 지구 속을 연구하기란 여간 어려운 일이 아니야.
지금까지 가장 깊이 판 구멍은 15킬로미터인데,
지구 겉에서 중심까지의 거리가 6378킬로미터인 것을
생각하면 아무것도 아닌 거리지.

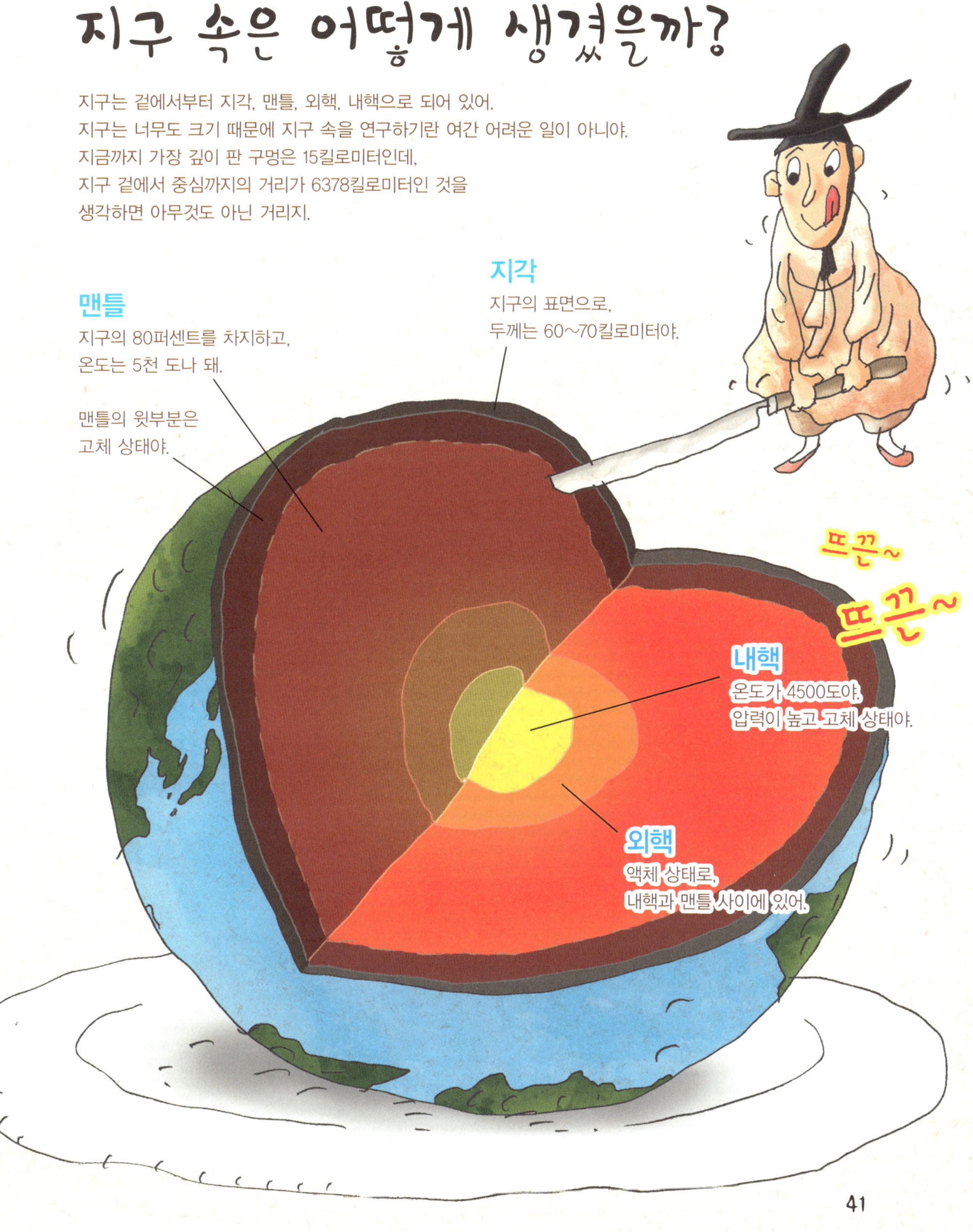

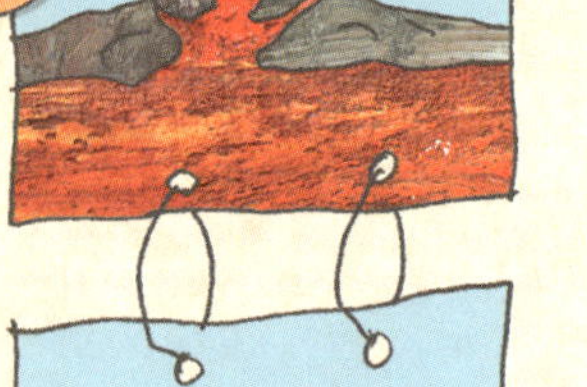

화산 폭발과 지진은 왜 일어날까?

우리가 볼 수는 없지만, 지구의 겉은 10개가 넘는 판으로
나뉘어 있어. 이러한 판으로 된 바다 밑과 땅들은
서로 밀거나 밀리면서 지구를 이루는 6개의 큰 땅덩어리,
즉 대륙을 움직이지. 이런 판들 사이에서는 화산이 폭발하거나
지진이 자주 일어나. 땅속 깊은 곳에는 마그마라는
아주 뜨겁고 묽은 액체가 있어. 지구 속은 매우 뜨거운데,
그 높은 열 때문에 돌들이 녹아 생긴 것이 바로 마그마야.
이 마그마가 약한 판들의 틈을 뚫고 뿜어져 나오는 것이
화산이야. 화산이 폭발할 때는 마그마가 땅 밖으로
나온 것을 가리키는 용암을 비롯해서 화산 가스,
화산재 같은 것들이 나와. 우리나라에도 화산이 있어.
지금은 활동하지 않지만, 백두산과 한라산이 바로 화산이야.

지진이 일어나는 이유

지진의 대부분은 화산처럼
지구 속의 커다란 힘에 의해 일어나.
이 힘 때문에 판들이 움직여서
서로 부딪칠 때 땅이 흔들리며
지진이 일어나는 거야.
심할 때는 땅이 갈라지기도 해.

지진을 일으킨 힘이 생겨난 지점을
진원이라고 해.
진원 바로 위의 땅은 진앙이야.
진원에서 가장 가깝기 때문에
진앙은 지진이 일어나면 피해가 제일 커.
지진으로 생기는 진동인 지진파는
연못에 돌을 던지면 물결이 사방으로
퍼져 나가듯이 퍼져 나가는데,
아주 큰 지진이 일어나면 단단한 땅도
파도처럼 물결치는 것을 볼 수 있어.

하늘 천,
따 지~.

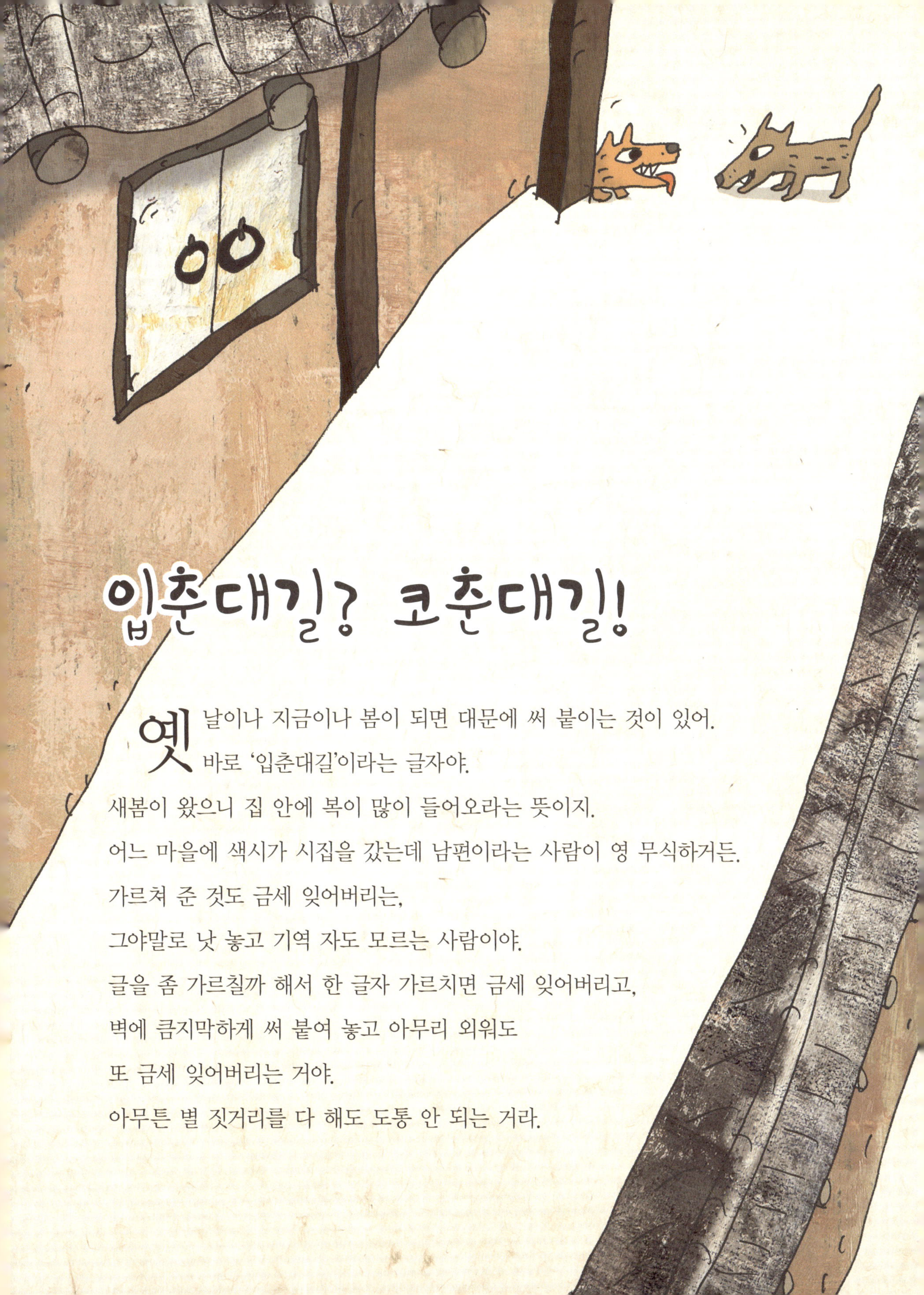

입춘대길? 코춘대길!

옛 날이나 지금이나 봄이 되면 대문에 써 붙이는 것이 있어.
바로 '입춘대길'이라는 글자야.
새봄이 왔으니 집 안에 복이 많이 들어오라는 뜻이지.
어느 마을에 색시가 시집을 갔는데 남편이라는 사람이 영 무식하거든.
가르쳐 준 것도 금세 잊어버리는,
그야말로 낫 놓고 기역 자도 모르는 사람이야.
글을 좀 가르칠까 해서 한 글자 가르치면 금세 잊어버리고,
벽에 큼지막하게 써 붙여 놓고 아무리 외워도
또 금세 잊어버리는 거야.
아무튼 별 짓거리를 다 해도 도통 안 되는 거라.

立春大吉
입춘대길
이… 입춘대길

봄이 되자 색시가 친정엘 갔어.

친정아버지가 대문에 '입춘대길'이라고

커다랗게 써 붙이고 있었어.

"사위가 오면 이걸 읽어 보라고 해야겠군.

글을 얼마나 아는지 한번 시험해 봐야지."

까막눈인 신랑이 어찌 그 글자를 읽을 수 있겠어?

색시는 걱정이 이만저만 아니었어.

그래서 집으로 돌아와 당장 '입춘대길'이라 써 놓고 가르쳤지.

"자, 여길 보고 따라 읽어 보세요. 입. 춘. 대. 길."

"입. 춘. 대. 길."

"다시 천천히 따라 해 보세요."

"입춘대길."

"다시 잘 보고 따라 하세요. 입춘대길."

"입춘대길."

한 오백 번쯤 했을까?

그래도 금세 잊어버리고 입에서 우물우물이야. 참, 기가 찰 노릇이었지.

立春大吉
그…… 그……
그것이……。

고민 끝에 색시는 아예 글자를 통째로 외우게 하기로 했어.

누워서도 입춘대길, 앉아서도 입춘대길,

밥을 먹으면서도 입춘대길, 똥을 누면서도 입춘대길.

서당 개 삼 년이면 풍월을 읊는다고, 신랑은 겨우겨우 외우게 됐어.

"대문에 붙은 글자를 아버지가 읽어 보라고 하면

무조건 '입춘대길'이라고 하세요. 아셨죠?"

"걱정 붙들어 매시오. 꼭 그렇게 하리다."

드디어 처갓집에 가는 날이 되었어.

기다리고 있던 장인어른이 다짜고짜 물어보거든.

"여보게, 저기 대문에 쓰여 있는 글자가 무슨 글자인지 읽어 보게."

그런데 이게 무슨 조화인지, 갑자기 앞이 캄캄해지고
아무것도 생각이 나지 않는 거야.
'정말 큰일이네. 잊어버렸어.
저걸 뭐라고 했더라.'

다행스럽게도 어렴풋이 세 글자는 떠올랐어.

그런데 아무리 애를 써도 맨 앞 글자가 생각이 안 나는 거야.

이때 앞에 서 있던 색시가 손가락으로 입을 가리켰어.

'입' 자가 생각나라고 입을 계속 가리킨 거지.

그런데 그 손가락이 꼭 코를 가리키는 것처럼 보였단 말이야.

'옳지. 색시가 코를 가리키는 걸 보니 코춘대길로군.'

남편은 큰 소리로 자신 있게 외쳤어.

"코춘대길!"
어이없는 대답에 장인은 멍하니
눈만 멀뚱멀뚱,
색시는 부끄러워 얼굴이
홍당무가 되었지 뭐.
엥?
톡 톡 과학 양념
입춘이 뭐야?
태양의 움직임에 따라 변하는 1년의 날씨를
24개로 구분한 게 24절기인데, 2월 4일 무렵
인 '입춘'은 24절기 중의 하나야.

농사에 꼭 필요한 24절기

우리나라는 옛날부터 농사를 지어 왔어. 농사는 씨를 뿌리고 곡식을 거둘 때까지
날씨의 영향을 많이 받아. 그래서 태양이 어느 위치에 있느냐에 따라
변하는 날씨를 구분하여 24절기를 만들었지. 계절이 바뀌어 기후가 변해도
절기를 이용한 농사법은 생활 속에 깊숙이 자리 잡아 왔어.
절기는 봄, 여름, 가을, 겨울에 각각 여섯 개씩 자리를 잡고 있어.

24절기에 담겨 있는 뜻

24절기

소한　동지　대설
1월 5일　12월 22일　12월 7일

대한　　　　　　　　소설
1월 20일　　　　　　11월 22일

입춘　　　　　　　　입동
2월 4일　　　　　　11월 7일

우수　　　　　　　　상강
2월 19일　　　　　　10월 23일

경칩　　　　　　　　한로
3월 6일　　　　　　10월 8일

춘분　　　　　　　　추분
3월 21일　　　　　　9월 23일

청명　　　　　　　　백로
4월 6일　　　　　　9월 8일

곡우　　　　　　　　처서
4월 20일　　　　　　8월 23일

입하　　　　　　　　입추
5월 5일　　　　　　8월 7일

소만　대서　　　대서
5월 21일　　　　　　7월 23일

망종　하지　소서
6월 6일　6월 21일　7월 7일

- 정말로 추워.
- 참 추운 날씨야.
- 겨울의 한가운데. 밤이 제일 길어.
- 큰 눈이 내려와.
- 작은 눈이 내리기 시작하는 때.
- 겨울이 시작되는 때.
- 서리가 내리기 시작해.
- 이슬이 차가워져.
- 가을의 한가운데 밤과 낮의 길이가 같아.
- 흰 이슬이 맺히기 시작해.
- 더위가 가고 선선해지는 때.
- 가을 기운이 완연해.
- 따뜻한 봄이 와.
- 비가 내리고 싹이 터.
- 겨울잠을 자던 개구리가 깨어나.
- 봄 한 가운데. 밤과 낮 길이가 같아.
- 포근하고 맑은 화사한 봄이야.
- 봄비를 맞으며 새싹이 움터.
- 여름이 시작되는 때야.
- 푸른 잎이 대지를 덮기 시작해.
- 씨앗을 뿌리기 시작해.
- 여름의 한가운데 낮의 길이가 가장 길어.
- 무더위가 시작돼.
- 가장 더운 때.

지구의 날씨를 만드는 태양

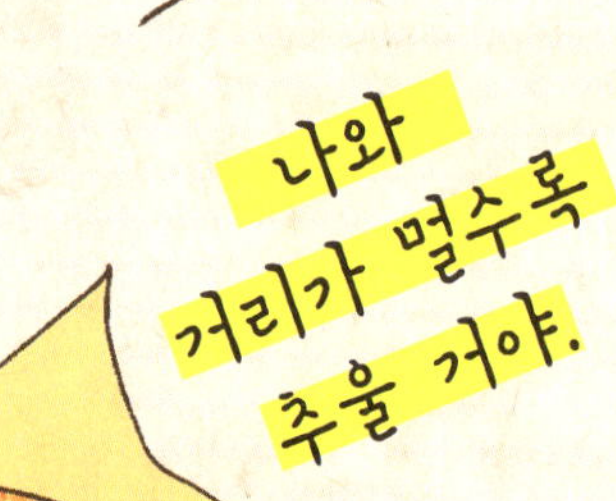

태양은 지구로부터 1억5천만 킬로미터나 떨어져 있어.
그런데도 우리 지구가 태양의 열로
살아갈 수 있는 이유는, 태양이 무려 6천 도나 되는
엄청난 열을 뿜어내고 있기 때문이야.
태양은 뜨거운 열뿐 아니라 환한 빛도 주는데,
이 열과 빛이 지구의 날씨를 만들어 주는 거야.
태양 주위에는 지구 말고도 여러 개의 별이 있어.
지구처럼 태양이 끌어당기는 힘(중력)의 영향을 받아
태양 주위를 도는 별들의 모임을 '태양계'라고 해.
태양계에는 수성, 금성, 지구, 화성, 목성, 토성,
천왕성, 해왕성이 있어. 지구는 태양으로부터
가장 적당한 자리에 있기 때문에 뜨겁지도 않고
차갑지도 않아. 하지만 태양과 멀리 떨어져 있는
천왕성이나 해왕성은 기온이 무려 영하 200도
정도라고 해. 도저히 사람이 살 수 없겠지?

사계절이 뚜렷한 우리나라

따뜻한 봄, 더운 여름, 선선한 가을, 추운 겨울!
우리나라는 이렇게 사계절이 분명한 나라야.
각 계절마다 날씨가 완전히 다르지.
덕분에 우리는 계절마다 모습이 바뀌는
아름다운 자연을 누릴 수 있단다.
그런데 계절은 왜 생기는 걸까?
지구는 약간 삐딱하게 기울어져
스스로 돌고 있어. 이것을 자전이라고 해.
그리고 스스로 돌면서 태양 주위를
돌고 있어. 이것은 공전이라고 하지.
이렇게 삐딱하게 기울어져서
자전과 공전을 하기 때문에 위치에 따라
태양으로부터 받는 빛과 열이 달라져.
그래서 사계절이 생기는 거야.

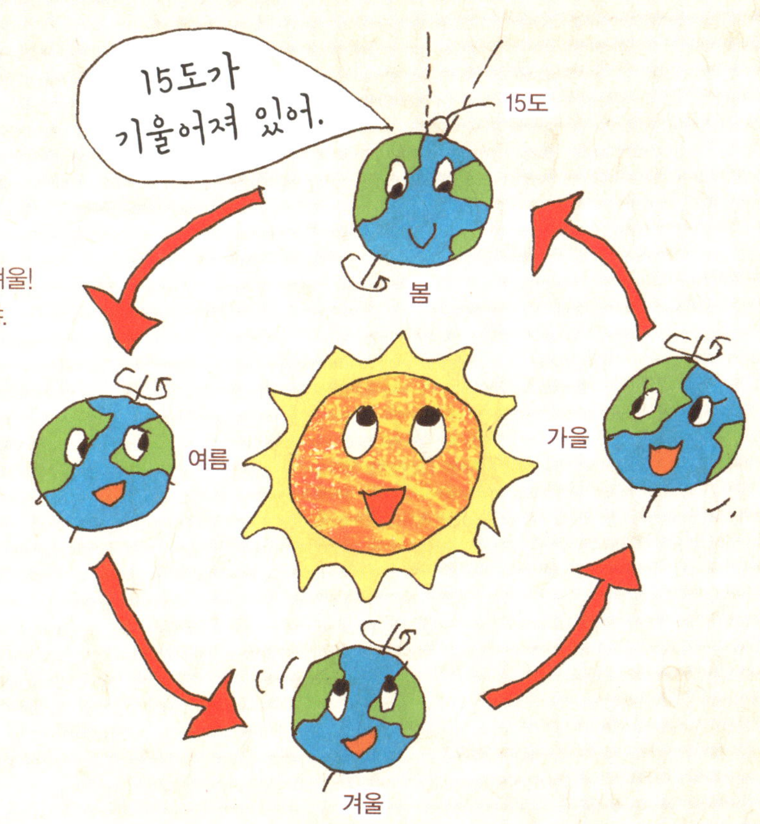

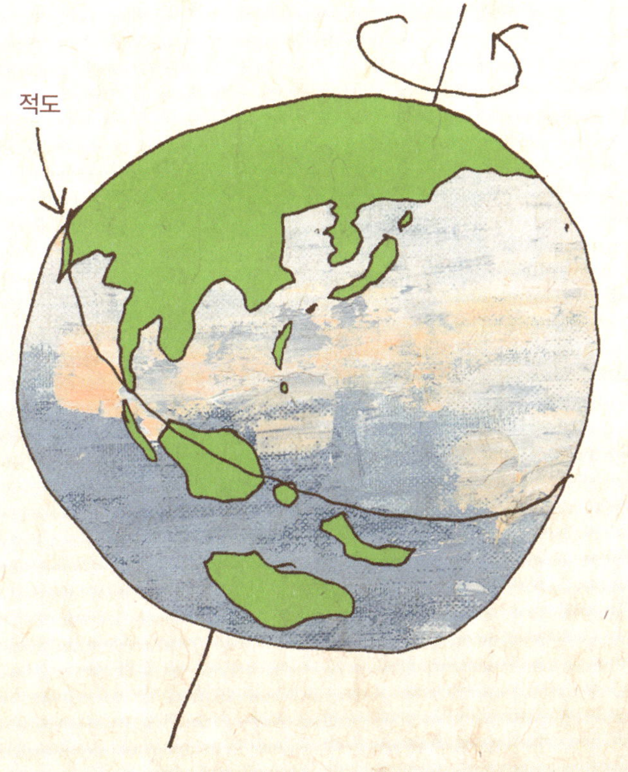

다른 나라도 사계절이 있을까?

우리나라에 사계절이 있다고 해서
다른 나라도 그런 것은 아니야.
지구의 중심을 지나는 선인 적도를 중심으로 해서,
적도와 극지방 중간 부분에 있는 나라들만 우리처럼
봄, 여름, 가을, 겨울이 뚜렷하게 차이가 나.
우리나라도 이 부분에 있거든.
지구의 북쪽 끝이나 남쪽 끝으로 갈수록 겨울에서
여름으로, 혹은 여름에서 겨울로 바로 바뀌기 때문에
봄이나 가을 같은 계절이 없어.
낮이 긴 여름과 밤이 긴 겨울이 있을 뿐이야.
물론 여름도 덥지 않아. 열대 지방도 마찬가지야.
적도 근처로 갈수록 항상 여름과 같은 더운 날씨가 계속돼.
여름과 겨울의 차이가 크지 않지.
봄, 여름, 가을, 겨울이라는 사계절이 있다는 건
정말 축복받은 일이야.

검정소와 누렁소

오랫동안 관직에 있던 선비가
모처럼 휴가를 얻어 집으로 가는 길이었어.
이마에 흐른 땀을 식힐 겸 나무 그늘에 앉아 쉬게 되었지.
한여름이라 날씨가 무척 더웠거든.

밭에서는 검정소와 누렁소가 열심히 쟁기질을 하고 있었어.
나무 그늘을 벗 삼아 선비가 쉬고 있는데,
소를 몰던 농부가 힘이 드는지 일손을 멈추었어.
문득 궁금해진 선비는 밭에 있는 농부에게 큰 소리로 물었어.
"두 마리 소 중에 어느 놈이 더 일을 잘합니까?"
그러자 농부는 난처한 듯이 머뭇거리다가
선비가 있는 곳까지 뛰어오는 거야.

그러고는 선비에게 귀를 좀 빌리자고 했어.
선비는 어리둥절해하며 슬쩍 귀를 갖다 댔지.
"검정소보다 누렁소가 훨씬 일을 잘합니다."
아무래도 선비는 농부를 이해할 수가 없었어.
"그래요? 그런데 왜 거기서 대답하지 않고
일부러 여기까지 와서 귓속말로 하십니까?"
그러자 농부가 대답했어.

"아무리 말 못하는 짐승이라도 남보다
못하다는 소리를 들으면 기분이 안 좋을 것 아닙니까?"
이 말을 들은 선비는 감탄을 했지.
"그렇겠군요. 짐승들도 흉을 보면 싫어하는데
하물며 사람은 오죽하겠습니까?"
선비는 농부의 말에 큰 깨달음을 얻었대.
이 선비가 누구냐고?
훗날 높은 자리에 올라 백성들을 위해
훌륭한 정치를 펼친 황희 정승이었어.

소가 지구 온난화를 일으켜?

요즘 지구의 기온이 점점 올라가는 '지구 온난화'가 큰 문제가 되고 있어.
태양으로부터 받은 에너지가 지구에 도착하면 그것이 다시 우주로 나가야
지구의 온도가 일정하게 유지되는데, 받은 에너지보다 나가는 에너지가 훨씬 적어지면서
지구의 온도가 올라가는 지구 온난화가 일어나는 거야. 왜 나가는 에너지가 적어지냐고?
그건 바로 '온실가스' 때문이야. 이산화탄소나 메탄 같은 가스들이 하늘에 떠서
에너지가 우주로 나가는 것을 막기 때문에 지구가 온실처럼 따뜻해지는
'온실 효과'가 일어나. 그래서 이 가스들을 온실가스라고 불러.

방귀에 세금을 매기자!

온실가스 중에서 이산화탄소는 석탄이나 석유 같은 화석 연료를 사용할 때 나와.
자동차의 매연에서도 나오지. 그럼 메탄은 어디에서 나오냐고? 메탄도 화석 연료를 사용할 때
많이 나오는데, 문제는 소의 트림이나 방귀에도 메탄이 많이 들어있다는 사실!
소는 먹은 음식을 되새김질해서 장 속의 미생물이 음식물을 분해하고 발효시키는데,
이런 과정에서 메탄이 만들어져. 소가 마구 쏟아 내는 트림이나 방귀와 함께 밖으로 나오는 거지.
소 한 마리가 쏟아 내는 메탄이 1년에 47킬로그램이나 된다고 하니 정말 어마어마하지?
그래서 소의 방귀에 세금을 매겨야 한다는 웃지 못할 주장도 나온다고 해.

바이오매스 에너지란?

환경 오염을 일으키는 온실가스의 주범이라고 해서 메탄을 욕하지는 마.
환경 오염을 일으키지 않는 새로운 에너지로도 쓰이고 있거든.
참 재미있지? 환경 오염을 일으키면서도 환경 오염을 일으키지 않는다니 말이야.
인간은 오랫동안 석탄이나 석유 같은 화석 연료를 사용해 왔어.
하지만 화석 연료를 사용할 때 환경을 오염시키는 이산화탄소 같은 물질들이
발생한다고 해서 문제가 되고 있지. 그래서 그것들을 대신할 새로운 에너지를
찾는 일이 활발히 진행되고 있어. 태양열이나 바람 등을 이용한 에너지 말이야.

그러한 새 에너지 중 하나가 바로 '바이오매스 에너지' 야.
바이오매스 에너지는 나무나 풀, 가축의 똥오줌, 음식물 쓰레기 등을
이용해 만든 에너지야. 앞장에서 소의 장 속에 있는 미생물이
음식물을 분해하고 발효시킬 때 메탄이 나온다고 했지?
바로 이 원리를 이용해 메탄을 만들어서 에너지로 사용하는 거야.
메탄뿐 아니라 알콜이나 수소 같은 것도 만들어 내.

가축들의 똥에서 나오는 메탄 가스의 양

종류	배설량(kg)	메탄 가스량(dt)
소	30	720 ~ 1,260
돼지	4.2	250 ~ 1,500
닭	0.12	0.75 ~ 13.5

가축의 똥으로 맛있는 밥과 요리를 만들어 먹는다고?

폐자원 활용

해와 달이 된 오누이

깊은 산골에 홀어머니와 오누이가 살고 있었어.
어머니는 날마다 열두 고개를 넘어 부잣집에 품팔이를 하러 다녔어.
어느 날, 일을 마치고 떡을 얻어 가지고 집으로 돌아오는 길이었어.
첫 번째 고개를 넘어서는데 갑자기 커다란 호랑이 한 마리가 나타난 거야.

"어흥, 떡 하나 주면 안 잡아먹지."

어머니는 놀라서 얼른 떡 하나를 주었어.

서둘러 두 번째 고갯마루에 올라섰어.

그런데 어느 틈에 호랑이가 와서 기다리고 있는 것이 아니겠어.

"어흥, 떡 하나 주면 안 잡아먹지."

어머니는 할 수 없이 꾸러미에서 떡을 하나 또 꺼내 주었어.

세 번째 고개에 올라섰어.

그런데 이런 기막힌 일이 있나! 글쎄, 호랑이가 또 나타난 거야.

"어흥, 떡 하나 주면 안 잡아먹지."

어머니는 이번에도 떡을 하나 주었어.

네 번째, 다섯 번째, ……, 열 번째 고개를 넘으면서 가지고 있던 떡을
모두 호랑이에게 주고 말았어. 이제 큰일 났어.

또 호랑이가 나타나면 줄 떡이 없거든.

그럼, 팔
하나만 줘.
떡이
없어.

열한 번째 고갯마루에 섰어. 아니나 달라, 호랑이가 떡 버티고 있는 것이었어.

"어흥, 떡 하나 주면 안 잡아먹지."

"너에게 줄 떡이 없는걸."

"어흥, 그럼 팔 하나 주면 안 잡아먹지."

어머니는 팔 하나 없어도 아이들과 살 수 있을 거라고 생각하고 팔 하나를 주었어.

하지만 열두 번째 고개에서 그만 잡아먹히고 말았지.

호랑이는 어머니가 입었던 옷으로 갈아입고
어슬렁어슬렁 아이들이 있는 집으로 왔어.
그러고는 시침 뚝 떼고 어머니 목소리 흉내를 냈지.
"애들아, 애들아, 엄마 왔다. 문 열어라."
그런데 아무래도 엄마의 목소리가 아니었어.
"어? 우리 엄마 목소리가 아닌데."
그러자 호랑이가 얼른 핑계를 댔어.
"감기에 걸려서 그런 거야. 어서 문 열어."
"그럼 손을 안으로 넣어 보세요."
호랑이는 털이 북실북실 난 커다란 앞발을 쑤욱 하고 문 안으로 넣었어.
"우리 엄마 손은 털이 없는데?"
"너무 추워 털장갑을 끼고 왔단다."
호랑이 말을 곧이듣고 오누이는 문을 열어 주었어.

그런데 아무리 보아도 영 엄마 모습이 아니었어.

똑똑한 동생이 얼른 알아차리고 꾀를 내었어.

"엄마, 똥 마려워요."

"방구석에 있는 요강에 누렴."

"방 안에서 누면 냄새가 날걸요."

"그럼 마루에서 누렴."

"마루에서 누어도 냄새가 날걸요."

"그럼 뒷간에 가서 누렴."

"저 혼자 무서우니까 오빠랑 같이 갈래요."

호랑이는 오누이의 몸에 밧줄을 묶고 한쪽 끝을 꼭 쥐고 있었어.

혹시 오누이가 도망이라도 갈까 봐 꾀를 낸 거야.

밖으로 나온 오누이는 재빨리 끈을 풀어 절구에 묶었어.

그러고는 우물가에 있는 감나무 위로 올라갔어.

그것도 모르고 방 안에서 오누이를 기다리고 있던 호랑이는

시간이 지나도 오누이가 돌아오지 않자 밧줄을 당겨 보았어.

그런데 당겨지지가 않는 거야.

이상하게 생각한 호랑이가 밖으로 나와 보니

밧줄이 엉뚱하게 절구통에 묶여 있지 뭐야.

호랑이는 오누이를 찾으려고 집 안팎을 구석구석 뒤지기 시작했어.

하지만 아무리 뒤져도 오누이를 찾을 수가 없었지.

'혹시 우물 속에 숨었나?'
호랑이는 우물 속을 들여다보았어.
그런데 오누이가 우물 속에 있는 것이 아니겠어?
물에 감나무가 비쳐
오누이가 우물 속에 있는 것처럼 보인 것도 모르고
호랑이는 앞발을 들어 우물 속으로 들어가려 했어.

감나무 위에서 이 모습을 보고 있던 오누이가
그만 웃음을 터뜨리고 말았어.
"하하하, 호호호, 저런 바보 호랑이."
웃음소리에 놀라 위를 본 호랑이는
감나무 위에 있는 오누이를 발견했어.
호랑이가 감나무에 오르려 했지만
자꾸 미끄러져 올라갈 수가 없는 거야.

“애들아, 나무 위에는 어떻게 올라갔니?”
“부엌에 있는 참기름을 발라 가며 올라왔지요.”
호랑이는 참기름을 가지고 와 감나무에 발랐어.
미끌미끌 더 미끄러워 올라갈 수가 없었어.
“애들아, 너희들 거긴 어떻게 올라간 거니?”
“뒤꼍에 있는 도끼로 나무를 찍으며 올라왔지요.”
얼떨결에 오누이가 말해 버리고 말았어.
호랑이는 도끼를 가져와 나무를 찍으며 올라오기 시작했어.
자꾸자꾸 올라와 오누이 가까이까지 왔지.

오누이는 두 손을 꼭 잡고 기도를 하기 시작했어.

"하느님, 하느님. 호랑이가 저희들을 잡아먹으러 올라오고 있어요.

저희들을 살려 주시려면 새 동아줄을 내려 주시고

저희들을 죽이시려면 헌 동아줄을 내려 주세요."

그러자 하늘에서 동아줄이 술술 내려오는 것이 아니겠어.

오누이는 동아줄을 타고 하늘로 올라갔어.

그러자 호랑이도 기도를 했어.

"하느님, 하느님. 나도 올라가야겠습니다.

하늘에 올라가게 하시려면 새 동아줄을 내려 주시고

올라가지 못하게 하시려면 헌 동아줄을 내려 주세요."

그러자 이번에도 동아줄이 술술 내려 왔어.

호랑이는 얼른 동아줄을 붙들고 올라가기 시작했어.

그런데 한참을 올라가다 보니 헌 동아줄이었지 뭐야.

그러나 이미 때는 늦었어. '툭' 하고 헌 동아줄이 끊어졌거든.

호랑이는 그만 땅으로 떨어지고 말았어.

마침 호랑이가 떨어진 곳이 수수밭이었는데,

이때 호랑이가 흘린 피 때문에 수수가 빨갛게 되었대.

오누이는 하늘로 올라가 해와 달이 되었다고 하네.

낮과 밤이 왜 생기지?

태양이 있는 환한 낮과 태양이 없는 캄캄한 밤은 왜 생기는 걸까?
설마 태양이 움직이기 때문이라고 생각하는 건 아니겠지?
움직이는 건 태양이 아니고 지구야. 태양이 아침에 떠서 저녁에 지는 것은,
태양이 움직이는 것이 아니고 지구가 움직이기 때문에 그렇게 보이는 거야.
지구가 서쪽에서 동쪽으로 자전하기 때문에 가만히 있는 태양이 동쪽에서 떠서
서쪽으로 지는 것처럼 보이는 거야. 지구가 스스로 도는 자전을 하면서
태양 주위를 도는 공전을 한다는 것은 알고 있지?
바로 이러한 지구의 자전 때문에 밤과 낮이 생기는 거야.
지구가 자전하면서 햇빛을 받는 쪽은 낮이 되고 그 반대쪽은 밤이 되는 거지.
지구는 하루에 한 바퀴 자전하거든. 그래서 밤과 낮도 하루에 한 번이야.

밤과 낮뿐 아니라
지구의 자전 때문에 생기는
현상은 여러 가지가 있어.
앞에서 말한 것처럼

**태양과 달이 떴다가
지는 것처럼 보이는 것도
지구의 자전 때문이고,**

별들이 북극성을 중심으로
하루에 한 번씩 회전하는
것처럼 보이는 것도

지구의 자전 때문이야.

지구의 자전으로 밀물과 썰물이 생겨

바다에 놀러갔을 때 바닷물이 바닷가로부터 저 멀리까지 나가 있는 걸 본 적이 있니?
그건 '썰물'이라고 해. 반대로 바닷물이 바닷가 가까이로 들어오는 것을 '밀물'이라고 하지.
이런 밀물과 썰물이 생기는 원인 중의 하나가 지구의 자전이야. 밀물은 달이 끌어당기는 힘(인력)이
지구의 바닷물을 끌어 당겨 생기고, 썰물은 그러한 인력이 약해져 바닷물이 나가기 때문에 생기는 것이야.
이러한 현상은 하루에 두 번 일어나는데, 달의 인력뿐 아니라 지구가 자전할 때 생기는
'원심력' 때문에도 생겨. 원심력은 어떤 물체가 원을 그리며 돌 때, 밖으로 나가려는 힘을 말해.

아주 뜨겁고, 엄청 무겁고, 무지무지하게 커다란 태양

우리에게 환한 빛과 따뜻한 열을 주는 태양.
태양이 없다면 인간을 비롯한 지구 위의
생명체는 존재할 수 없을 거야.
너무 어둡고 너무 추울 테니까 말이야.
지구뿐 아니라, 태양계의 모든 별은
태양이 주는 에너지로 유지된다고 할 수 있어.
말하자면 태양계의 어머니와도 같다고
할 수 있지. 태양이 다른 별들에게 빛과
열을 줄 수 있는 것은 항상 활활 불타오르고
있기 때문이라고 생각할지도 모르겠어.
하지만 태양은 불타오르는 게 아니라
단지 너무 뜨거워서 빛을 내는 것뿐이야.
표면의 온도가 무려 6천 도나 되니까 말이야.

78

달의 정체

밤길을 비춰 주는 달은 사실 스스로 빛을 내고 있는 것이 아니야.
태양의 빛을 반사하기 때문에 빛나 보이는 것뿐이지.
달은 매일매일 모양이 변해. 원 모양의 보름달이었다가,
절반만 한 반달이 되고, 점점 줄어들어서 초승달이 되지.
대체 왜 이렇게 모양이 변하는 걸까?

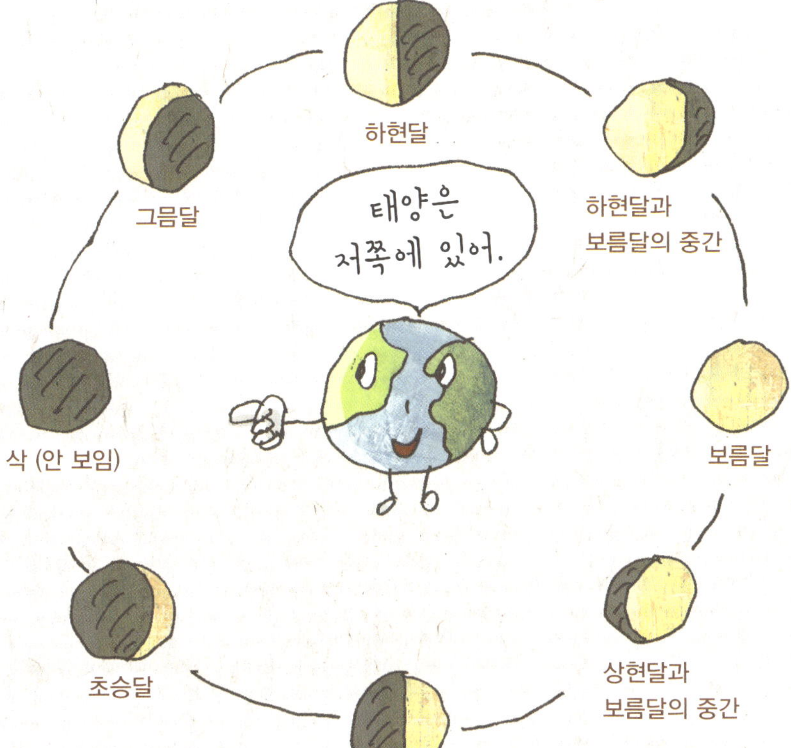

달의 모양이 변하는 이유는
바로 달의 공전 때문이야.
지구가 태양 주위를 공전하는 것처럼
달도 지구의 주위를 공전하거든.
이렇게 지구 주위를 돌면서 위치에 따라
달의 표면 중 밝은 부분이 변하는데,
이게 바로 우리가 보는 달의 모습이
변하는 이유야. 이 모양은 지구에서
본 달과 태양의 각도에 따라 달라져.
달이 공전하는 데에 걸리는 시간이
한 달 정도이기 때문에 달의 모습도
한 달을 주기로 변하는 거야.

북두칠성

옛날하고도 아주 먼 옛날,
하늘의 별들이 땅에 내려와 놀기도 하고
사람들이 별나라로 가 놀기도 하던 그런 옛날 이야기야.
어느 마을에 아주 돈이 많은 부자가 살았어.
그런데 오랫동안 자식이 없어 늘 쓸쓸하게 지냈지.

부부의 정성에 늘그막에 아들이 하나 태어났어.
늙은 부부 내외는 늦게 얻은 자식을 금이야 옥이야 키웠지.
아이가 하루는 문 밖에서 제기 놀이를 하고 있는데
스님이 지나가다 말고 아이를 물끄러미 바라봤어.
"음, 이 아이는 명이 그리 길지 않군."
고개를 흔들며 스님이 하는 말을 옆에 있던 어머니가 듣고 만 거야.

어머니는 깜짝 놀라며 스님에게 따지듯이 물었어.

"스님, 우리 아들은 이 세상에 둘도 없는 귀한 아들입니다.

오래 살도록 하는 방법이 없겠습니까?"

그러자 스님은 다시 머리를 설레설레 흔들며 말했어.

"난 단지 이 아이가 오래 살지 못한다는 것만 알고 있지

오래 살게 하기 위한 방법은 알지 못합니다. 나무아미타불……."

“스님, 스님, 제발 부탁입니다. 우리 금 같은 아들 목숨 좀 구해 주세요.”

스님은 어머니의 간곡한 부탁에 한참을 생각하더니 말문을 열었어.

“그럼 한 가지 방법이 있습니다.

내일 아침 해가 뜨면 남산에 올라가 보십시오.

그러면 거기에서 바둑을 두는 두 노인이 있을 것입니다.

그 노인들에게 간청을 해 보십시오.”

이렇게 말을 하고는 홀연히 사라져 버렸어.

다음 날 아침, 해가 뜨자마자 노인 부부는 남산으로 부랴부랴 올라갔어.

아니나 다를까 어제 스님이 이야기한 대로

두 노인네가 앉아 바둑을 두고 있었어.

부부는 엎드려 빌었지.

"어르신들, 불쌍한 저희 아들 좀 살려 주세요. 명이 짧아 오래 살지 못합니다.

차라리 저희 늙은이들의 명을 거두어 주십쇼."

그러자 착하게 생긴 노인이 무섭게 생긴 노인에게 말을 했어.

"사정을 들어 보니 참 딱하기도 한데

우리 저 노인들의 부탁을 들어줍시다."

그러자 무섭게 생긴 노인이 더 무서운 얼굴을 하며 말했어.

"무슨 소리? 제 명은 이미 결정되어 있는 것인데 어찌 함부로 바꾼단 말이오?"

"그래도 저 불쌍한 노인들의 사정을

우리가 들어주지 않으면 누가 들어준단 말이오."

두 노인은 옥신각신 말다툼을 하다가 결국 부탁을 들어주기로 했어.

다음에는 내가
두 점 깔아 주고
함세.
이왕이면
아흔아홉 살까지
살게 해 주지.

무섭게 생긴 노인은 북두칠성이었고 착하게 생긴 노인은 남두칠성이었어.
북두칠성이 남두칠성보다 더 높은 자리에 있었지.
북두칠성은 넓은 소매 속에서 두루마리를 꺼내 펼치더니
아들의 이름을 찾아 수명을 아흔아홉 살로 고쳐 적었어.
부부는 고맙다고 인사를 하고 집으로 돌아왔어.
두 노인 부부가 죽고도 아들은 한참을 더 살아서
정말로 아흔아홉 살까지 살았대.
이처럼 사람의 목숨은 하늘에 있는 북두칠성이 다스리고 있다고 하네.

스스로 빛을 내는 항성과 그 주위를 도는 행성

밤에 고개를 들어 하늘을 보면 태양과 달 그리고 수많은 별이 있어.
이 별들 중에는 태양처럼 스스로 빛을 내는 별도 있고, 지구나 달처럼
그렇지 못한 별도 있어. 지구는 태양의 주위를, 달은 지구의 주위를 돈다고 했지?
이렇게 돌아다니는 별은 '행성'이라고 해. 태양처럼 스스로 빛을 내는 별은
'항성'이라고 하지. 지구나 달 같은 행성은 항성이 내는 빛을
반사해서 빛을 내는 것처럼 보일 뿐이야.

움직이지 않는 항성?

항성이라는 이름은 제자리에 그대로 있는 것처럼
보인다고 해서 붙여진 거야. 하지만 실제로는 조금씩 움직이고 있지.
항성들 간의 거리는 매우 멀리 떨어져 있어.
우리가 속한 우주인 태양계 안에서 항성은 태양 하나뿐인데,
태양 말고 지구에서 가장 가까운 항성은 4.3광년 떨어져 있어.
1광년은 빛이 초속 30만 킬로미터의 속도로 1년 동안 가는 거리를 가리켜.
계산하면 약 9조4679억7782만 킬로미터나 되는 어마어마한 거리야.
1광년이 이렇게나 먼데 4.3광년이나 떨어져 있다니!
항성들은 각자 밝기가 다른데, 밝기에 따라 1등성부터 6등성까지
등급을 나눴어. 가장 밝은 것은 1등성이고 가장 어두운 것은 6등성이야.

나는 스타~!
별의 일생
모두 모여.
별의 시작
성간 물질
성간 물질들이 구름(성운)을 만들어.
블랙홀
중성자별
가스가 우주 공간으로 퍼져 나가.
드디어 폭발!
초신성 폭발
빵 빵
저건 움직이는 인공위성이야.
우와!
오리온자리에 별 하나가 생겼어요.

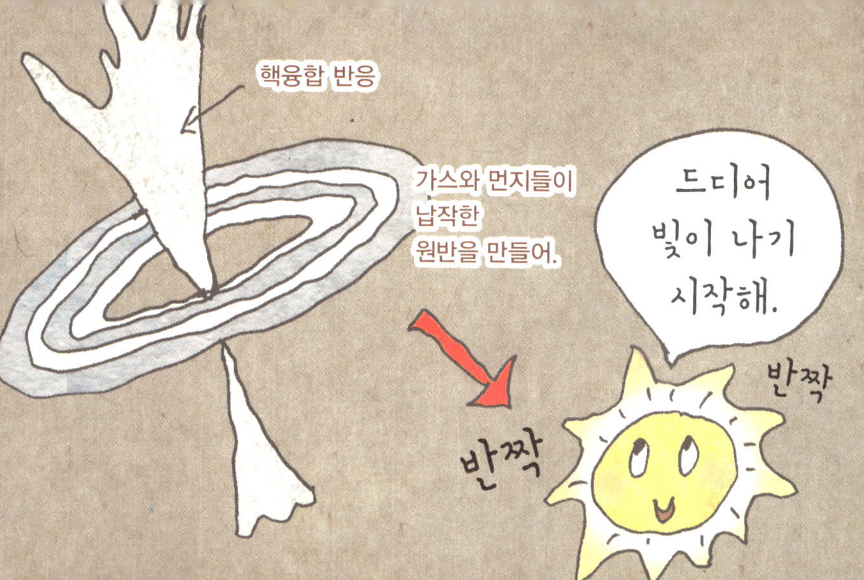

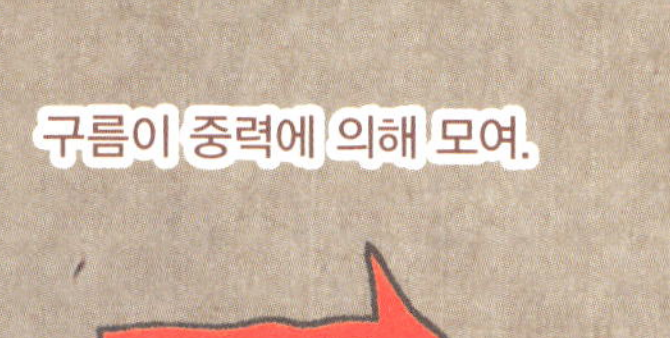

별은 어떻게 태어날까?

사람이나 동물이 태어나고 죽듯이, 별도 태어나고 사라져.
우리는 엄마가 낳으면서 태어나는데, 별은 어떻게 태어날까?
우주 공간에는 가스나 먼지 같은 여러 가지 물질들이 떠다니고 있어.
이런 것을 '성간 물질'이라고 하는데, 이게 바로 별을 탄생시키는 재료야.
성간 물질은 우주에 골고루 있지 않고 모여 있기도 해. 성간 물질들이 모여 만든
구름을 '성운'이라고 해. 넓게 퍼져 있던 이 구름은 어느 순간 빽빽하게
모여들게 되고, 작은 덩어리들로 나뉘면서 중심 부분의 온도가 올라가.
중심 부분의 온도가 무려 400만 도를 넘으면, 그 덩어리들이 핵융합 반응이라는 것을
일으키며 비로소 빛을 내는 별이 되는 거야. 이렇게 태어난 별이 나이가 들면
큰 폭발을 일으키면서 갑자기 밝아지는 초신성이 되었다가 어두워지면서 죽게 돼.
성간 물질들이 모여서 별이 되고, 별이 죽으면 다시 성간 물질이 되는 거야.

땅이 흔들리는 까닭

옛날 하고도 아주아주 먼 옛날,
이 세상이 처음 만들어질 때는 지금처럼 하늘과 땅이 떨어져 있지 않고
다정스런 부부가 꼭 껴안듯이 달라붙어 있었대.
그러다가 땅에는 동물들과 사람들이 하나둘씩 생겨나 살기 시작했어.
점점 숫자가 많아지자 한 가지 걱정거리가 생겼지.
땅에서 걸어 다니다 보니 머리가 하늘에 닿아 걸을 수가 없었던 거야.
머리를 숙이거나 허리를 굽혀야 겨우 걸어 다닐 수가 있었으니까 말이야.

사람들과 동물들은 너무 답답했지.

지금처럼 하늘이 저 높은 곳에 있지 않고

바로 머리 위에 맞닿아 있다고 생각해 봐,

키가 큰 사람이나 기린 같은 동물은 제대로 허리도 펴지 못할 거야.

너무 답답한 나머지 사람들과 동물들은 매일같이 고함을 질러 댔어.

그러자 어느 날,

'우르릉, 꽝!'

하늘과 땅이 울리면서 번갯불이 번쩍번쩍 어둠을 깨고 천지를 비췄어.

사람들과 동물들은 모두 숨을 죽이고 있었어.

그런데 갑자기 땅이 갈라지면서 몸집이 어마어마하게 큰 거인이 나오는 거야.

땅속에서 나온 거인은 하늘을 한쪽 어깨에 메더니 하늘을 들어올리기 시작했어.

사람들과 동물들은 너무 좋아 춤을 추고 노래를 불렀어.

그리고 오랫동안 땅 위에서 행복하게 지냈지.

거인이 하늘을 받치고 있다는 것도 까마득히 잊어버리고 말이야.

하지만 아무리 힘이 센 거인이라도 오랫동안 하늘을 들고 있으면

얼마나 힘이 들겠어.

거인이 다른 쪽 어깨로 하늘을 옮겨 멜 때마다 땅이 흔들리고 지진이 일어났어.

아주 옛날에는 거인이 처음 하늘을 들었기 때문에 서툴러 자주 바꿔 멨거든.

그래서 지진이 자주 일어났대.

하지만 지금은 옛날처럼 지진이 많이 일어나지는 않아.

거인이 하늘을 메고 있는 요령을 깨쳤거든.

그래도 거인이 조금씩 몸을 움직이면 가끔 지진이 일어나는 거래.

대단한 지구의 역사

우리가 살고 있는 지구는 몇 살일까? 무려 46억 살이라고 해.
나무의 나이는 나이테를 보면 알 수 있듯이, 지구의 역사는 지층을 연구하면
알 수 있어. 지층은 물이나 바람 같은 것에 의해서 차곡차곡 쌓인 암석층을 말해.
제일 밑에 있는 것이 가장 오래 전에 생긴 것이겠지? 세월이 지나면서
쌓인 것이기 때문에, 각 층이 쌓인 시기와 그 당시의 환경에 대해서 알 수 있어.
특히 지층에서는 화석이 발견되는데, 지구의 역사를 알기 위해서는 화석에 대한
연구가 꼭 필요해. 화석은 동물이나 식물의 흔적이 남아 있는 돌 같은 것을 말해.
이것을 통해서 어떤 생물이 살았고, 사라졌고, 진화했는지를 알 수 있어.

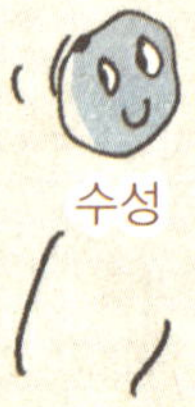

지구의 생명은 바다에서부터

지구에 처음 등장한 생명은 약 35억 년 전 바다에서 탄생되었어.

**이 생명체는 박테리아와 같은 것이었지.
아주 작은 미생물 말이야.**

지구가 처음 생겼을 때는 온도도 매우 높고 화산 폭발 같은 것이 자주 일어나서
매우 위험했어. 하지만 지구가 점점 식고 바다가 생겨나면서
생명체가 탄생한 거야. 생명이 탄생하기 위해서는 물이 꼭 필요하거든.

**첫 생명체인 박테리아가
지금의 식물들이 하는 것과 같은 광합성 활동으로
산소를 만들어 내기 시작했어.
그 덕분에 더 많은 생명체들이 태어났지.**

지구에 최초의 생명체가 태어나고 다시 30억 년이 지나면서
생물의 종류와 수가 갑자기 늘어났는데, 이때를 '캄브리아기 폭발'이라고 불러.
이 시기를 기준으로 이전의 시대를 '선캄브리아대'라고 하고
이후의 시대를 '고생대', '중생대', '신생대'로 불러. 지금은 신생대야.

우주는 어떻게 생겼을까?

끝도 없이 펼쳐진 밤하늘. 그 커다란 우주는 어떻게 생기게 되었을까?
우주가 어떻게 시작되었는지에 대한 주장들 중에 지금까지
가장 가능성 높은 것으로 인정받는 것이
바로 '빅뱅 이론'이야. 혹시 들어 본 적이 있니?

빅뱅 이론은 우주가 한 점에서 시작되었는데, 여기서 대폭발이 일어났고,
그 이후 계속 팽창해서 지금과 같은 우주가 되었다는 주장이야.
이렇게 팽창하는 과정 중에서 우주의 물질들이 서로 뭉치면서
별들을 만들었고, 이 별들이 모여서 우리가 속한 은하계와 같은
거대한 집단인 은하를 만들었다고 해.

우주는 아직도 계속 커지고 있다고 해.
우리 은하계에서 멀리 떨어진 은하일수록
더 빠르게 멀어지고 있다는 것이 바로 그 근거야.
그런데 계속 커지고 있다는 것은,
거꾸로 시간을 거슬러 올라가면
결국은 한 점에서 시작되었다는 얘기겠지?
그래서 빅뱅 이론이 가장 인정받는 거야.

이 풍선은
언제쯤 터질까?

우주는 아직도
계속 팽창하고 있어.

거대한 은하